AF382933

DAS ISHIKAWA-DIAGRAMM

Ursache-Wirkungs-Beziehungen

Verfasst von Ariane de Saeger
In Zusammenarbeit mit Brigitte Feys
Übersetzt von Mareike Lobeck

Business   50MINUTEN.de

DAS ISHIKAWA-DIAGRAMM

SCHLÜSSELINFORMATIONEN

- **Bezeichnungen:** Ishikawa-Diagramm, Ursache-Wirkungs-Diagramm, Fischgrät-Diagramm, Fischgräten-Diagramm, Fehlerbaum-Diagramm
- **Anwendungsbereiche:** Das Ishikawa-Diagramm gibt einen Überblick über Ursachen und Wirkungen eines Problems. Es kann ebenfalls als Analyseinstrument im Projektmanagement (besonders im Risiko-management) und in der Qualitätsforschung eingesetzt werden.
- **Funktionsweise:** Mit dem Diagramm wird vermieden, gewisse Ursachen eines Problems zu übersehen. Außerdem liefert es Aspekte für potenzielle Problemlösungen. Das Diagramm wird als Instrument des Qualitätsmanagements betrachtet.
- **Schlüsselwörter:**
  - Brainstorming: originelle Methode zur Ideenfindung, basiert auf dem Austausch

von spontanen Einfällen zwischen den Mitgliedern einer Gruppe
  - <u>Ursache:</u> bringt die Wirkung hervor, leitet sie in die Wege
  - <u>Vorgehensweise:</u> Methode, Art, in der etwas ausgeführt wird
  - <u>Wirkung:</u> Ergebnis, Konsequenz
  - <u>Marktanteil:</u> Prozentsatz der Verkäufe eines Unternehmens im Vergleich zu den gesamten Verkäufen einer Branche
  - <u>Problem:</u> (unklarer) Punkt, der besprochen werden sollte und nach einer Lösung verlangt
  - <u>Lösung:</u> Problembewältigung, -klärung

EINLEITUNG

Hintergrund

Das Ishikawa-Diagramm wurde von Kaoru Ishikawa (1915-1989), einem japanischen Chemieingenieur an der Universität von Tokio, entwickelt. Der als Wegbereiter des Qualitätsmanagements angesehene Experte verwendet das Diagramm erstmals 1943, um einer Gruppe von Ingenieuren des großen japanischen Stahlunternehmens *Kawasaki Steel Works* zu erklären, wie ein Problem verstanden werden kann, indem eine Anzahl komplexer Faktoren analysiert wird – wobei diese Liste so ausführlich wie möglich sein sollte.

Definition

Das Ishikawa-Diagramm ist ein Visualisierungshilfsmittel und wird in Unternehmen verwendet, wenn diese sich einen Überblick über Problemursachen und die daraus resultierenden Wirkungen verschaffen möchten. Die Ursachen werden dabei gewichtet, sodass deutlich wird, an welcher Stelle und warum ein Problem entsteht.

DAS ISHIKAWA-DIAGRAMM IN DER THEORIE

Das Fischgräten-Diagramm wird zwar hauptsächlich im Qualitäts- und Projektmanagement von Unternehmen verwendet, eignet sich aber ebenso gut für das Risikomanagement. Mit dem Diagramm können Probleme nicht nur gelöst werden, sondern auch vorausgesehen werden. Möchte ein Unternehmen beispielsweise ein Projekt umsetzen, sucht es im Vorfeld nach Faktoren, die das Projekt eventuell zum Scheitern bringen könnten. Durch die Bewertung dieser Elemente wird direkt deutlich, wie das Unternehmen vermeiden kann, dass solche Probleme tatsächlich auftreten.

ANWENDUNG

Ishikawas Methode wird in der Unternehmensplanung eingesetzt. Sie ermöglicht es, anhand des Diagramms auf strukturierte Weise die Beziehung zwischen Ursache und Wirkung eines bestimmten Problems zu analysieren.

HYPOTHESEN

Ishikawas Modell beruht auf zwei Hypothesen:

* Die Anzahl der Haupt- und Nebenursachen ist für jedes Problem begrenzt.
* Die Unterscheidung zwischen diesen beiden Ursachenkategorien ist ein erster Schritt zur Problemlösung.

HAUPTEINFLUSSGRÖSSEN

Ishikawa teilt die verschiedenen Ursachen eines Problems in fünf große Kategorien ein, die sogenannten 5M.

* **Material:** Es handelt sich hierbei um alles, was verbraucht wird oder dem Projekt dient, wie Rohstoffe, Papier, Wasser, Strom etc.
* **Mitwelt (Milieu):** Dieser Begriff bezeichnet die Umwelt, die eine Auswirkung auf das Projekt haben kann (Arbeitsort, Grünflächen etc.).
* **Methode (und Management):** Hierunter werden alle bestehenden Prozesse, der Informationsfluss, Forschung und Entwick-

lung, angewandte Verfahrensweisen etc. gefasst.

- **Maschine:** Hiermit wird die notwendige, für das Projekt verwendete Ausstattung bezeichnet. Dazu gehören eventuelle Räumlichkeiten, Ersatzteile, Einrichtung, Computerausrüstung, Software, Technik, Maschinen und große Werkzeuge. In der Regel müssen für diese Kategorie Investitionen getätigt werden.
- **Mensch:** Hierbei handelt es sich um das am Projekt beteiligte Personal und dessen Qualifikation(en).

Je nachdem wie detailliert die Analyse ausgeführt wird, kann jede Kategorie noch weitere Ursachen oder Kategorien umfassen.

Das Ishikawa-Diagramm

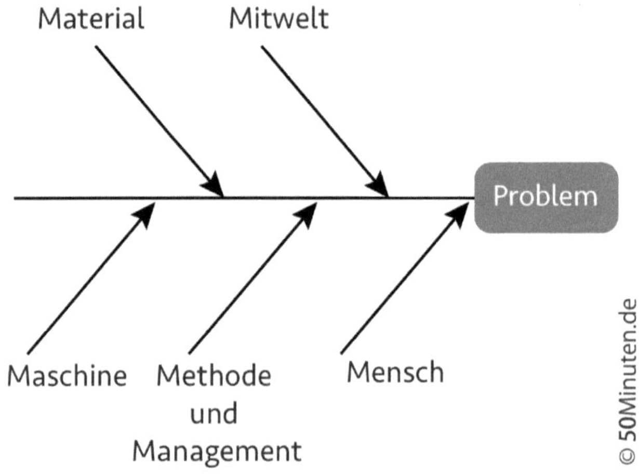

VON 5M ZU 7 ODER 8M

Ursprünglich war das Diagramm auf 5M begrenzt, über die Zeit wurde es jedoch je nach Anwendung auf 7 oder 8M erweitert. Der Zweck bleibt dabei unverändert, das heißt, das Diagramm ermöglicht weiterhin eine konkrete, zusammenfassende und ausführliche Visualisierung der Ursachen eines Problems – das im Vordergrund steht – und vor allem die Identifizierung der effizientesten Lösung.

Zu den 5M kommen:

- **Messung:** Dieser Begriff umfasst alles Quantifizierbare, das zur Wirkung beiträgt.
- **Management (wenn nicht schon unter „Methode" berücksichtigt):** Es handelt sich hierbei um die Organisationsstruktur, den Führungsstil etc.
- **Money (Geld):** Budget, Kosten, Einnahmen etc., die sich zwingend auf die anderen M auswirken.

VORTEILE

Das Ishikawa-Diagramm bietet zahlreiche Vorteile. So ermöglicht es:

- alle Ursachen im Zusammenhang mit dem Problem einzuordnen
- ein komplexes Problem grob zu umreißen
- jedes Teammitglied mit in die Analyse einzubeziehen und so ein dynamisches Projektmanagement zu schaffen
- dank Gruppenarbeit zu vermeiden, dass gewisse Ursachen übersehen werden
- die Bereiche zu identifizieren, die näher betrachtet werden sollten und in denen es an Information mangelt

- ein Problem zu analysieren, unabhängig davon, um welchen Sektor oder Tätigkeitsbereich es sich handelt
- Aspekte für die Ausarbeitung einer auf das jeweilige Problem abgestimmten Lösung zu liefern
- einen Überblick über die Verbindungen zwischen Ursachen und Wirkungen zu geben

Das von Ishikawa entwickelte, interaktive Modell eröffnet eine erweiterte Perspektive auf ein Problem, sodass man über stark vereinfachte Feststellungen hinweg auch komplexere Zusammenhänge erkennen kann. Die Palette möglicher Ursachen für das (potenzielle) Problem wird erweitert; dabei werden Lösungen und entsprechende Maßnahmen identifiziert, durch die das jeweilige Problem vermieden oder gelöst werden kann.

DAS ISHIKAWA-DIAGRAMM: SCHWÄCHEN UND ERGÄNZUNGEN

SCHWÄCHEN UND KRITIK

- Trotz der zahlreichen Vorteile eignet sich das Ishikawa-Diagramm nicht besonders gut für sehr komplexe Probleme mit zahlreichen Ursachen und mehreren, miteinander verflochtenen Problemen. Es sind jedoch häufig gerade diese Zusammenhänge, die an der Wurzel eines potenziellen Problems sitzen.
- Ein zweiter Kritikpunkt betrifft die Gewichtung der Ursachen. Kann sich die Arbeitsgruppe nicht auf die statistische Auswertung eines vorherigen Problems stützen, wird die Gewichtung auf Grundlage der Erfahrungen der Arbeitsgruppe erstellt. Je nach Subjektivität der Gruppe kann dies zu unterschiedlichen und unter Umständen

weniger realistischen Ergebnissen führen als eine Gewichtung anhand rein statistischer Daten.

Im Allgemeinen ist es empfehlenswert, das Ishikawa-Diagramm mit einem weiteren Instrument zu kombinieren, um Objektivität und Aussagewert der Analyse zu gewährleisten.

ERGÄNZUNGEN UND VERWANDTE MODELLE

Mehrere Instrumente können die Analyse eines bestimmten Problems ergänzen.

Die 5-W-Methode

Mit der von dem japanischen Industrieingenieur Taiichi Ohno (1912-1990) entwickelten Methode der 5W (oder 5-Why-Methode) sollen die Wurzeln eines Problems erkannt werden.

Die Methode ist einfach, aber effektiv: Sie besteht darin, mittels fünf Fragen nach dem Warum die wahre Ursache eines Problems zu finden. Nach der Identifizierung einer oberflächlichen Ursache versucht die Arbeitsgruppe, zu den verschiedenen, tiefer liegenden Wurzeln des Problems vorzudringen, indem sie sich „Warum"-Fragen stellt. Die Wurzeln des Problems treten in der Regel nach dem zweiten oder dritten „Warum" zu Tage. Meistens wird das Problem durch organisatorische Aspekte verursacht. Es ist wichtig, nicht vorschnell zu handeln und die verschiedenen Ebenen gründlich zu betrachten, damit wichtige Aspekte nicht außer Acht gelassen werden. Die Methode weist große Ähnlichkeiten mit dem Ishikawa-Diagramm auf.

5-W-Diagramm

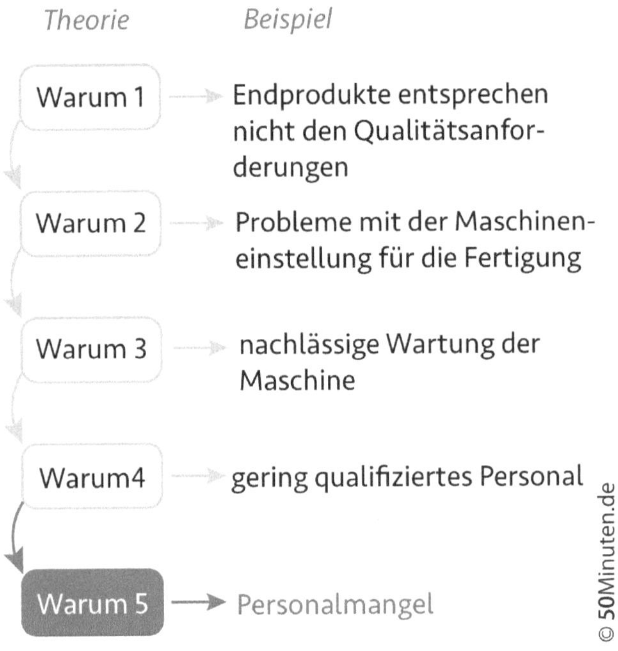

Das Pareto-Diagramm

Mit diesem Diagramm – genauer gesagt Histogramm – zur Datenanalyse kann die Problemhäufigkeit in Prozent absteigend dargestellt werden. So wird die Priorität einer Tätigkeit aufgezeigt, da der Entscheider erkennt, auf welchen Aspekt er seine Aufmerksamkeit legen sollte. Es handelt sich um eine grundlegende Methode zur Visualisierung der Problemrelevanz.

Pareto Diagramm

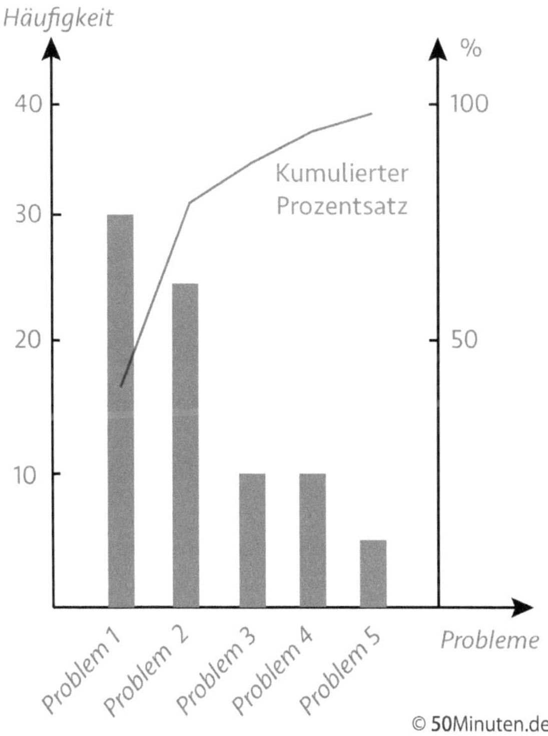

Die Kosten-Wirksamkeits-Analyse

Das Diagramm der Kosten-Wirksamkeits-Analyse (KWA) stellt die verschiedenen Lösungsmöglichkeiten dar. Während mit den anderen Methoden die Perspektive bezüglich der Problemursachen erweitert wurde, ermöglicht diese Methode mit einem mathematischeren Ansatz den gleichzeitigen Vergleich von Wirksamkeit und Kosten einer Lösung. Ist das Diagramm erstellt, kann (logischerweise) die effizienteste Lösung zum niedrigsten Preis ausgewählt werden, während zeitgleich die Realisierbarkeit im Auge behalten wird. Wenn sich das Team aus dem einen oder anderen Grund nicht für diese Lösung entscheidet, sollte es seine Entscheidung anhand der hierarchisierten, speziell für das Projekt gesetzten Ziele begründen.

Die x-Achse bildet die Kosten und die y-Achse die Wirksamkeit ab.

Diagramm der KWA

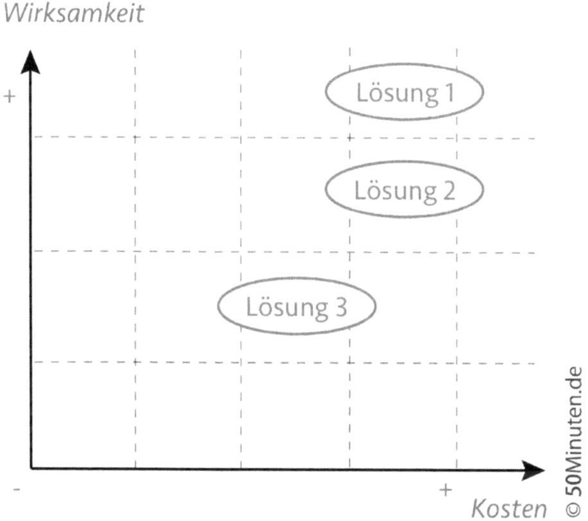

Die möglichen Lösungen werden in Abhängigkeit von ihren Kosten und ihrer Wirksamkeit in die passende Zelle eingeordnet. Dabei sollten einige Grundsätze der Kosten-Wirksamkeitsanalyse unbedingt beachtet werden:

- Die Wirksamkeit wird anhand eines einzigen, im Vorfeld festgelegten Ergebnisses gemessen.
- Die Kosten müssen allgemein gemessen werden.

- Es handelt sich um eine Methode zur Projekt-/ Programmbewertung, wenn das Ziel auf ein einziges Ergebnis beschränkt werden kann.
- Die Analyse kann vor, während und nach einem Projekt ausgeführt werden.

Bei dieser Vorgehensweise wird sich die vorteilhafteste Lösung – sprich die effiziente zu den niedrigsten Kosten – durchsetzen.

BASSPEAN-Methode

Wie beim Diagramm der KWA wird auch bei der BASSPEAN-Methode[1] der Schwerpunkt eher auf Lösungen als auf Ursachen eines Problems gelegt. Dennoch stellt sie eine interessante Ergänzung zum Ishikawa-Diagramm dar.

Der Erfolg dieser Methode hängt unter anderem von der aktiven Teilnahme der Arbeitsgruppen und der Vielfalt der Gruppenmitglieder hinsichtlich beruflichem Profil und individuellen Fähigkeiten ab. Die Umsetzung ist hier etwas komplexer als beim Ishikawa-Diagramm und den zuvor beschriebenen, ergänzenden Modellen.

---

1. Es handelt sich hierbei um eine Übersetzung der französischen CARREDAS-Methode.

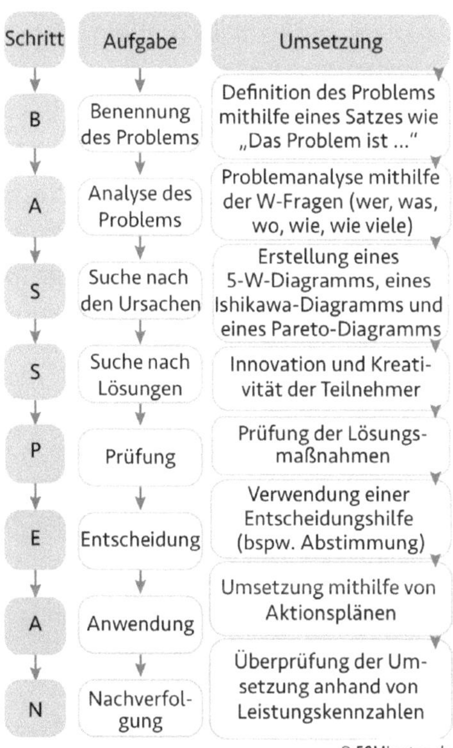

Zusammenfassung

Es wird deutlich, dass die verschiedenen Modelle miteinander verbunden sind und dass Problem-, Ursachen- und Lösungsanalysen Hand in Hand gehen. Es ist in der Tat schwierig, das Ishikawa-Diagramm für sich allein zu sehen, da eine Ursachenanalyse nicht ohne ordentliche Problem- und Lösungsanalysen ausgeführt werden kann. Manager führen in jedem Fall eine kontinuierliche Analyse durch und verwenden ein Maximum an methodischen Instrumenten zur Problemlösung mit ihrer Arbeitsgruppe, bis überzeugende, wirtschaftliche Lösungswege gefunden wurden.

DAS ISHIKAWA-DIAGRAMM IN DER PRAXIS

TIPPS UND BEST PRACTICES

Schritte zur Diagrammerstellung

Das Ishikawa-Diagramm wird in mehreren, aufeinanderfolgenden Arbeitsschritten erstellt, die der Erörterung und richtigen grafischen Umsetzung des Problems dienen. Diese Arbeitsschritte sind ganz konkret:

- **Eindeutige Definition des Problems.** Anschließend wird ein horizontaler Pfeil in Richtung Problem, Zwischenfall oder Auswirkung gezeichnet.
- **Auflistung aller möglichen Ursachen**, (beispielsweise durch Brainstorming) gemeinsam mit kompetenten Personen und Experten aus dem Bereich, in dem das Problem aufgetreten ist.
- **Auswertung der Brainstorming-Ergebnisse**

- **Einordnung der Ideen in Kategorien (5-8M):** Dabei müssen nicht unbedingt alle M vertreten sein. Es sollte im Hinterkopf behalten werden, dass die Ishikawa-Methode an Tätigkeit, Kontext und Problemstellung angepasst werden muss. Bei diesem Schritt werden Unterpfeile gezeichnet, die mit dem horizontalen Hauptpfeil verbunden werden. Jeder Pfeil steht für eine der Ursachenkategorien.
- **Suche nach den Wurzeln des Problems für jede Gräte**, die bislang noch unentdeckt geblieben sind. Nach diesem Schritt können weitere kleine Pfeile eingezeichnet werden, die für die Ursachen der einzelnen Kategorien stehen.
- **Auswertung der Hauptursachen** und Gewichtung aller Ursachen, um die wichtigsten Handlungsbereiche zu bestimmen und zu hierarchisieren.
- **Auswahl der Handlungsbereiche** (je nach zugeordneter Priorität) sobald das Diagramm erstellt wurde. Potenzielle Ursachen und Nebenursachen werden in zwei Gruppen eingeordnet.
- **Umsetzung von Lösungen und Korrekturmaßnahmen:** Dieser Schritt kann aus einer

Test- oder Implementierungsphase einer Lösung bestehen.

Wurden alle Komponenten zusammengetragen, kann der Projektmanager/die Projektmanagerin daraus ein Fischgräten-Diagramm erstellen und verschiedene Arbeitsgruppen zum Testen der Lösungen benennen. Jedes M wird anhand einer Fischgräte wie in der folgenden Abbildung dargestellt.

Fischgräte

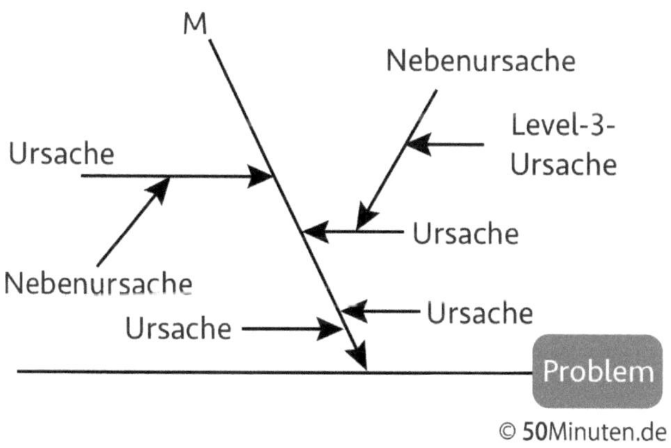

© 50Minuten.de

Nicht vergessen

Die Schwierigkeit bei der Erstellung des Ishikawa-Diagramms liegt nicht so sehr im schrittweisen Ansatz – der dabei eher hilfreich ist – sondern vielmehr in der Gefahr, wichtige Faktoren außer Acht zu lassen:

- **Große Bedeutung der Gruppenarbeit:** Diese ist die Grundvoraussetzung für alle Überlegungen während bzw. nach der Erstellung des Diagramms. Ohne umfassende Überlegungen, ohne ein Team mit vielseitigen Fähigkeiten, ohne Teamgeist und ohne aktive Teilnahme und dynamische Gemeinschaft (Suche nach Lösungswegen, Einigung über Prioritäten etc.) könnten die Problemursachen nicht vollständig analysiert werden; und die einfachste Lösung würde somit wahrscheinlich nicht gefunden werden.
- **Einsatz der Methode:** Das Ishikawa-Diagramm wird zwar hauptsächlich im Qualitätsmanagement verwendet, sollte jedoch nicht auf diesen Einsatzbereich beschränkt bleiben. So kann es auch bei Projektvorbereitungen zur Kontextanalyse und/oder Analyse potenzieller Risiken an-

gewendet werden – ein Aspekt, der in der Unternehmenswelt immer mehr Beachtung findet. Außerdem dient das Diagramm nicht nur dazu, Problemursachen ausfindig zu machen, es können damit ebenso Erfolgsursachen analysiert werden.

- **Art des Brainstormings:** Der Meinungsaustausch zwischen allen Teammitgliedern ist empfehlenswert, um sämtliche Aspekte (Ursachen und Wirkungen) des jeweiligen Problems zu betrachten. Dabei darf jeder frei seine Meinung zu dem jeweiligen Problem äußern.

- **Einhaltung der Vorgehensweise:** Es ist wichtig, dass die Ursachen schrittweise und nach ihrer Wichtigkeit bezüglich des Problems eingeteilt werden. Das Fischgräten-Diagramm basiert hauptsächlich auf einer Hinterfragung der analysierten Problemstellung und davon ausgehenden Überlegungen.

- **Ausmaß der Anwendbarkeit:** Zwar wurde die Ishikawa-Methode ursprünglich für Ingenieure entwickelt und ist allgemein auf die Unternehmenswelt ausgerichtet, sie kann aber ebenso auf alle anderen (öffentliche wie private) Bereiche ausgeweitet werden, wie beispielsweise auf Krankenhäuser. Dazu müssen nur die Begriffe und die untersuchten Aspekte der Methode an den jeweiligen Bereich angepasst werden.

Empfehlungen

Das Ishikawa-Diagramm wird in zahlreichen Referenzwerken besprochen, in denen auch viele hilfreiche Empfehlungen bezüglich der Anwendung des Diagramms gegeben werden. Dazu gehören:

- **systematisch vorgehen:** Auch wenn das Ishikawa-Diagramm eine sehr interessante und effiziente Methode ist, dürfen dennoch keine Schritte übersprungen werden. Es bleibt wichtig, die Ursachen vor den Lösungen auszumachen.
- **aufmerksam sein:** Während der Diskussionsrunden können neue Ursachen erwähnt werden. In diesem Stadium des Brainstormings sollte kein Beitrag außer Acht gelassen werden, um so die Kreativität und Aufgeschlossenheit der Gruppe zu fördern, sodass immer mehr Vorschläge formuliert werden.

- **sorgfältig arbeiten:** Gibt es zu viele Ursachen, die das Diagramm unübersichtlich machen, sollten lieber einzelne Diagramme pro Kategorie erstellt werden.
- **pragmatisch sein:** Es ist essentiell, die Bezeichnungen der Methode an den jeweiligen Anwendungsbereich anzupassen.
- **vollständig sein:** Es sollten nicht nur negative, sondern auch positive Ursachen analysiert werden.
- **präzise sein:** In der Realität überprüfen, ob die ermittelten Ursachen auch wirklich die beschriebene Wirkung haben.

FALLSTUDIE

Das Ishikawa-Diagramm bietet die Möglichkeit, ein Problem einfach und strukturiert zu analysieren, indem dessen Ursachen und Wirkungen definiert werden. Als Beispiel sei hier eine Supermarktkette in Frankfurt genannt, die sich mit einer sehr niedrigen Kundenzufriedenheit konfrontiert sieht. Es wird angenommen, dass:

- die Kette sehr bekannt ist und ihr Marktanteil so groß ist wie der der anderen Frankfurter Supermärkte.

- dieKetteüberdasJahreineKundenzufriedenheit von 80 % anstrebt.
- die Marketingabteilung eine Zufriedenheitsumfrage ausführt, um zu erfahren, wie die Leistungen wahrgenommen werden, die die Supermarktfilialen ihren Kunden anbieten.
- die Umfrage nicht sehr umfangreich ist: Es wird eine Frage pro Thema gestellt („Wie zufrieden sind Sie mit…"), die anhand einer Skala von 0 bis 5 beantwortet werden muss (0 steht dabei für vollkommene Unzufriedenheit und 5 für vollkommene Zufriedenheit). Die angesprochenen Themen sind: Qualität des Personals, Qualität der gekauften Produkte, Infrastruktur, Standort etc.

Mit einer genaueren Umfrage könnte das Team zwar die wahren Ursachen der allgemeinen Unzufriedenheit erkennen – da Kunden jedoch in der Regel nicht viel Zeit für Umfragen aufbringen, werden solche Fragebögen zumeist lieber kurzgehalten.

Probleme

Nach der Befragung von ungefähr 500 Kunden in zehn Filialen macht das ausgezählte Ergebnis eine niedrige Kundenzufriedenheit deutlich: Diese liegt gerademal bei 20 %.

Modellanwendung

Das Marketingteam beschließt, zunächst eine Analyse der Problemursachen auszuführen, bevor es Lösungsstrategien ausarbeitet oder gar einen Aktionsplan erstellt.

Der Manager der Marketingabteilung möchte eine Arbeitsgruppe bilden, die sich aus erfahrenen Mitarbeitern der verschiedenen Abteilungen zusammensetzt, die gemeinsam über eine weite Palette an Kompetenzen verfügen. Dafür kontaktiert er jede Abteilung (Kommunikations-, Finanz-, Produktmanagement-, Logistikabteilung etc.), um beim Brainstorming einen umfassenderen Überblick über die tiefer liegenden Ursachen zu bekommen. Nach der Auswahl der Mitarbeiter erklärt ihnen der Manager das Ziel der nächsten Besprechung: Die Ursachen für das beunruhigende Ergebnis der Kundenzufriedenheits-Umfrage von 20 %. Diese ist weit vom Jahresziel entfernt, welches ursprünglich bei 80 % lag. Der Manager kann so die Teilnehmer schon im Vorfeld bitten, aufzuschreiben, was ihrer

Meinung nach die Wurzel des Problems darstellt (Haupt- und Nebenursachen).

- **Erste Besprechung:** Beim ersten Brainstorming sind die Diskussionen lebhaft, es werden viele Ideen ausgetauscht. Der Moderator der Arbeitssitzung erstellt eine Liste aller genannten Ursachen, die er nach den fünf großen Ursachenkategorien von Ishikawa einteilt: Mitwelt, Material, Methode, Maschine und Mensch. Wegen des geschäftlichen Hintergrunds in diesem Fall ist außerdem die Ursachenkategorie des Budgets (das heißt den finanziellen Mitteln) nicht zu vernachlässigen. Wenn beispielsweise während einer Wirtschaftskrise das Personal gekürzt wird, kann das die Leistungsqualität senken und damit zu einer Abnahme der Kundenzufriedenheit führen. Das Eingreifen des Moderators hängt natürlich von der Gruppendynamik ab und ist je nach Situation mehr oder weniger partizipativ. In jedem Fall wird er die Teilnehmer bitten, die identifizierten Ursachen in Haupt- und Nebenursachen zu unterteilen und dabei keine Vermutungen bezüglich des Problemursprungs auszulassen, selbst wenn ein Manager diesen vermutlich nicht hören möchte.

- **Abstand nehmen:** Nach diesem Schritt ist es immer gut, den Teilnehmern etwas Bedenkzeit zu geben, während der ihnen noch weitere Aspekte einfallen können, die beim ersten Brainstorming ausgelassen wurden. Gleichzeitig hat der Manager so Zeit, die verschiedenen, von der Gruppe erarbeiteten Aspekte neu zu ordnen, sich weitere Fragen zu stellen, die besprochenen Ursachen im Diagramm anzuordnen und zu erkennen, welche Kategorien noch nicht angesprochen wurden. Er profitiert so von einem allgemeinen Überblick; dabei werden genau die Hauptgründe deutlich, die noch gründlicher analysiert werden sollten.
- **Zweite Besprechung:** Während dieser Arbeitssitzung sollten die bisherigen Erkenntnisse zu Problem und Ursachen nochmals zusammengefasst werden, um die Hauptursache(n) festzustellen. Die Arbeitsgruppe erarbeitet anschließend Maßnahmen, die in den verschiedenen Abteilungen umgesetzt werden sollen, um so die Ursache(n) zu beseitigen, die an der Wurzel des Unzufriedenheits-Problems sitzt/sitzen.

Die Arbeitsgruppe nennt die folgenden möglichen Ursachen für das Problem:

- Mitwelt: sehr weit vom Zentrum entfernter Standort
- Material: keine Bio-Abteilung
- Methode: nicht genügend Personal, was zu langen Warteschlangen an den Kassen führt, nicht sehr flexible Öffnungszeiten, ineffizienter After-Sales-Service übers Telefon
- Maschine: häufige Problemen mit den Selbstbedienungskassen, Probleme mit den elektronischen Kassen etc.
- Mensch: unfreundliches und/oder nicht kompetentes Personal, ineffizienter und/oder nicht bestehender Kundenservice

Die Anzahl der Aspekte, die zur Unzufriedenheit der Kunden führen, ist so groß, dass es sicherlich sinnvoll gewesen wäre, am Ende des Zufriedenheits-Fragebogens ein Feld für „Empfehlungen" oder „Ratschläge" vorzusehen, um unzufriedenen Kunden die Möglichkeit zu geben, sich frei zu äußern.

Als Hauptursache wurde das nicht ausreichend kompetente Personal festgestellt, das über nur unzureichende Kenntnisse zu den Produkten verfügt, die im Supermarkt angeboten werden. Da diese Ursache schnell und effizient behoben werden soll, müssen möglichst wirksame Lösungsmaßnahmen getroffen werden. Dazu gehören vor allem Schulungen, die die einzelnen Produkte des Sortiments oder die Grundlagen der Verkäufer-Kunden-Beziehung genau erklären.

Sechs bis zwölf Monate nachdem die nötigen Maßnahmen getroffen wurden sollten die Ergebnisse kontrolliert werden, um sich der tatsächlichen Wirksamkeit des Aktionsplans zu vergewissern. Das Marketingteam könnte zu diesem Zweck unter anderem eine neue Kundenumfrage ausführen.

Fazit

Ein Problem kann mit einfachen Mitteln effizient gelöst werden, solange überlegt und strukturiert vorgegangen wird. In diesem Beispiel ist es schwer zu sagen, ob das mit dem Diagramm erreichte Ergebnis automatisch positiv ist und ob die Kunden nach einem Jahr mehr oder weniger zufrieden sind. Die Zahlen der Finanzabteilung – Zufriedenheitsgrad, Verkaufszahlen etc. –

könnten dabei helfen, die Ursache genauer zu definieren. Wenn Verkaufszahlen und Kundenzufriedenheit zurückgehen, kann dies auch bedeuten, dass die Produktqualität abgenommen hat und dass man sich dementsprechend mit der Kategorie „Material" beschäftigen sollte.

Zudem kann die Vorgehensweise nach Ishikawa durch andere verwandte Modelle ergänzt werden, die zuvor beschrieben wurden.

ZUSAMMENGEFASST

- Das Ishikawa-Diagramm, in den 1940er Jahren von dem japanischen Ingenieur Kaoru Ishikawa entwickelt, ist ein Instrument des Qualitätsmanagements.
- Mit dem Diagramm kann ein Problem strukturiert analysiert werden, indem Ursachen und Wirkungen identifiziert werden.
- Die Schritte zur Problemlösung sind:
  - Verbindung aller Ursachen mit einer einzigen (Aus-)Wirkung
  - Einteilung der Ursachen in Kategorien (5M oder 8M)
  - Gewichtung der Ursachen
  - Definition von Prioritäten
  - Umsetzung der passendsten Lösung
- Der Ansatz ist individuell anpassbar und setzt auf die Gruppierung von Aspekten. Die wichtigsten Bestandteile sind: Gruppenarbeit – Brainstorming – Erstellung des Diagramms.
- Hypothese: Die Qualität des Diagramms hängt hauptsächlich von der Arbeitsgruppe ab (Kompetenzen, Kenntnisse und Erfahrung

ergänzen sich gegenseitig).
- Weitere, ähnliche Methoden sind:
  - 5-W-Methode
  - Pareto-Diagramm
  - Kosten-Wirksamkeits-Analyse
  - BASSPEAN
- Die zusammenfassende, klare Darstellung der Problemursachen trägt zur Wirksamkeit der Methode bei.
- Empfehlungen:
  - systematisch vorgehen und Tatsachen auflisten
  - sich auf konkrete, präzise und nachgewiesene Aspekte stützen
  - Schritte nicht überspringen, sondern gründlich ausarbeiten
  - für eine konstruktive, umfassende Vorgehensweise ergänzende Methoden verwenden

Ihre Meinung ist uns wichtig!
Hinterlassen Sie doch einen Kommentar auf der
Seite unserer Online-Buchhandlung
und teilen Sie Ihre Favoriten in den sozialen
Netzwerken!

DARÜBER HINAUS

LITERATURVERZEICHNIS

- Gillet-Goinard, Florence; Seno, Bernard: *Le grand livre du responsable qualité*. Eyrolles: Paris 2012.

- Ishikawa, Kaoru: *La gestion de la qualité. Outils et applications pratiques*. Dunod: Paris 1984.

- Lehu, Jean-Marc: *L'encyclopédie du marketing*. Eyrolles: Paris 2012.

- *Le Dico du Marketing*: „Définition. Diagramme de cause à effet de Kaoru Ishikawa". Marketing-Lexikon auf Französisch.
http://www.ledicodumarketing.fr/definitions/Diagramme-de-cause-a-effet-de-Kaoru-Ishikawa.html (23.04.2018).

- *Manager GO*: „Comment utiliser le diagramme d'Ishikawa". *Manager-go.com* (auf Französisch). (26.09.2013).
http://www.manager-go.com/gestion-de-projet/dossiers-methodes/ishikawa-5m (23.04.2018).

- Pommeret, Benoît: *La boîte à outil de l'organisation*. Dunod: Paris 2013.

WEITERFÜHRENDE LITERATUR

- Brüggemann, Holger; Bremer, Peik: *Grundlagen Qualitätsmanagement. Von den Werkzeugen über Methoden zum TQM.* 2., überarb., erw. Aufl. Springer Verlag: Wiesbaden 2015.

- Ishikawa, Kaoru: *Guide to Quality Control.* Überarb. Aufl. Asian Productivity Organization: 1986.

- Ishikawa, Kaoru: *What Is Total Quality Control? The Japanese Way.* Prentice Hall: 1985.

- Zollondz, Hans-Dieter: *Grundlagen Qualitätsmanagement. Einführung in Geschichte, Begriffe, Systeme und Konzepte.* 3., überarb., akt., erw. Aufl. Oldenbourg: München 2011.

MEHR AUF 50MINUTEN.DE

- <u>Delers, Antoine: Das Pareto-Prinzip. Die 80/20-Regel. Aus dem Französischen von Mareike Lobeck. Plurilingua Publishing: Brüssel 2018.</u>

SCHMÖKERN SIE SICH SCHLAU!

www.50Minuten.de